*(О Джанхван, 1918~1951)*

〈사진 자료 제공: 오장환문학관〉

해바라기는
해를 보려고
키가 자란다。

# 목 차

*содержание*

## 소년문예가 오장환의 동시

“오장환 시인이 동시를 썼나?” 이렇게 묻는 분들이 있습니다. 오장환 시인은 1918년 충북 보은군 회인면에서 태어났습니다. 주로 1930년대에 활동한 시인입니다. 그러니까 옛날 일제 강점기에 태어나 활동한 시인이지요. 해방 직후 우리 현실을 가장 잘 그려낸 「병든 서울」이란 시집을 냈고, 한국 전쟁 중, 34살에 병으로 돌아가신 불행한 시인입니다. 오장환 시인은 휘문고등보통학교를 다니는 동안 그 학교 선생님이었던 정지용 시인에게 시를 배웠습니다. 정지용 시인은 제자인 오장환을 아꼈으며, 두 시인은 생일까지 똑같았지요. 자연히 오장환 시인은 정지용 시인의 영향을 많이 받았고, 그 영향이 동시 곳곳에 배어 있기도 합니다.

오장환 시인은 방정환 선생이 만든 「어린이」라는 잡지(1934년 2월, 12권 2호)에 「바다」, 「기러기」, 「수염」 등의 동시를 발표하면서 많은 동시를 씁니다. 그때 오장환 시인의 나이가 열일곱 살이었습니다. 당시에 이런 사람들을 가리켜 ‘소년문예가’라고 불렀습니다. 소년문예가란 말을 처음 들어보셨지요? 윤석중 선생, 이원수 선생 이런 분들도 열네 살, 열여섯 살에 「어린이」에 「오뚝이」, 「고향의 봄」과 같은 동시를 투고한 뒤에 소년문예가로 활동했습니다. 우리나라 동시 문단은 이런 소년문예가들에 의해 시작되었습니다. 옛 어른들은 같은 나이의 요즘 청소년들보다 좋은 글을 더 많이 쓰고 생각도 깊었습니다. 어려서부터 책을 많이 읽었기 때문이지요.

우리나라 근대 아동문학이 출발하던 시기에는 일본 아동문학의 영향을 받았습니다. 그래서 일본의 전래동요와 창작동요의 운율인 7·5조의 틀 안에 우리 정서와 생각을 담아 표현했습니다. 그러나 오장환 시인은 이런 정형률에 얽매이지 않고 자유로운 가락에 자신의 생각을 담아 동시를 썼습니다. 이뿐만 아니라 언어 감각 자체가 밝고 신선했습니다.

가는비가 내리면
송 송 송,
물방울이 솟아오르고,
물고기들은
입을 쳐들며
송 송 송,
빗방울을 받아먹는다.

_「가는비」 전문

송이버섯은
문틀, 문틀
솟아오른다.

_「섬골」 부분

이런 표현들은 발랄하고 경쾌합니다. 오장환 시인은 어린이의 마음이 어떤 것인지를 잘 알고 있었고, 어린이의 눈높이에서 자연과 사물을 대상으로 동시를 썼습니다. 자연에 대한 정감 어린 시각과 애정을 바탕으로 쓴 동시가 가장 많습니다.

오장환 시인은 동시를 쓰면서 어린이는 무조건 천사라고 여기거나, 공연히 슬픈 표정을 짓거나 하지 않았습니다. 사람 사이에서 빚어지는 기쁨과 슬픔이 녹아 있는 시도 있고, 가족에 대한 관심과 사랑을 노래한 동시도 많습니다. 특히 어린이들의 놀이에 대한 시, 동심의 발랄함과 활동적인 모습이 잘 드러나 있지요. 「종이비행기」, 「소꿉놀이」, 「덧니」, 「생철병정」, 「숨바꼭질」과 같은 시들이 그렇습니다. 비슷한 연배의 윤동주 시인이 쓴 동시가 그랬던 것처럼 어린이다운 감수성과 진솔함을 노래했습니다. 생명을 가진 것 중에서도 여리고 힘없는 것들에 대한 애정을 정서적으로 잘 조화시켜 표현할 줄 알았습니다.

오장환 시인이 활동했던 시기의 어린이들은 나라를 잃고 힘들게 지냈습니다. 그들에게 아름답고 발랄한 글들을 보여준 오장환 시인의 동시를 여러분에게 소개합니다. 급하게 읽지 말고 천천히 읽어주기 바랍니다. 읽고 생각하고, 생각하며 다시 읽어주기 바랍니다. 이 동시집에는 옛날에 쓰던 말도 시에 많이 나옵니다. 어떤 뜻으로 쓰던 말인지 알아보고, 동시를 통해 이야기하려는 생각이 무엇인지도 음미하면서 읽어보길 바랍니다.

어린이 마음을 동심(童心)이라 합니다. 동심은 사람이 하늘로부터 받은 첫 마음입니다. 나이가 들어서도 동심을 지니고 있는 사람을 시인이라고 하지요. 그래서 동시를 쓰는 분들의 마음은 동심이 누구보다 크고 가득할 겁니다. 그런 분들이 쓰는 동시를 읽는 동안 우리의 마음도 동심으로 환해집니다. 동시를 많이 읽어서 우리들의 마음 안에 동심이 늘 아름답게 살아 움직이고 있기를 바랍니다.

도종환

## *Детские стихи «творческого мальчика» О Джанхвана.*

*Люди иногда спрашивают: «Разве О Джанхван писал детские стихи?» Поэт О Джанхван родился в 1918 году в провинции Северный Чхунчхон в уезде Поын, селение Хвеин. Его творческая активность в основном пришлась на 30-е годы 20-го века. Т.е. он родился и творил в тот мрачный период, когда Корея была оккупирована империалистической Японией. После освобождения Кореи О Джанхван выпустил свой лучший сборник стихов «Больной Сеул» и умер от болезни в возрасте 34 лет во время Корейской войны. Когда он ходил в высшую школу Хвимун, его учитель-поэт Джон Джиён учил его стихосложению. Поэт Джон Джиён всячески опекал своего ученика О Джанхвана, с которым у них даже дни рождения совпадали! Естественно в юношеских стихах О Джанхвана чувствовалось влияние Джон Джиёна.*

*О Джанхвану было всего 17 лет, когда он опубликовал свои стихи в журнале «Дети», который издавал Пан Джонхван. Тогда были впервые опубликованы стихи «Море», «Дикий гусь», «Борода» и многие другие. Люди той эпохи называли ребят, подобных ему О Джанхвану, «творческие мальчики». Наверное, вы никогда не слышали о корейских «творческих мальчиках», верно?*

Но современная корейская детская литература выросла из их творчества. Таких известных в Корее детских писателей, как Юн Сокджун или Ли Вонсу, да и многих других когда-то называли «творческие мальчики». В те времена подростки больше и глубже думали и лучше писали, чем их нынешние ровесники. Ведь они воспитывались на книгах.

В то время корейская детская литература находилась под сильным влиянием японской детской литературы. Корейские поэты были вынуждены творить в рамках 5-7 слогового ритма японских детских потешек, втискивая в них корейские слова, мысли, эмоции. Но О Джанхван писал детские стихи, выражая свою мысль без привязки к жесткому каркасу. Его язык также производил яркое и свежее впечатление.

*Моросит дождик.*
*Кап кап кап*
*Падают капли,*
*Взлетают брызги.*
*Кап кап кап*
*Открытыми ртами*
*Ловят рыбы,*
*Капли дождя.*

*О Джанхван «Дождик»*

*И вдруг*
*Из-под камня вылез*
*Сосновый гриб!*

*О Джанхван «Деревня на острове»*

*Все эти строки живые и веселые. О Джанхван хорошо знал детские души, и в стихах описывал предметы и природу так, как их видят глаза ребят. Большая часть его детских стихов о том, как малыши видят природу, и о детской любви к ней. Берясь за детские стихи, О Джанхван, нарушая царящую традицию, не надевал печальную маску, а дети, герои его стихов, совсем не походили на привычных публике ангелочков. Некоторые его стихи выражают радость, другие — горе, многие отражают любовь к семье.*

*Особенно яркими у поэта выходят активные детские игры в таких стихах, например, как «Бумажный самолёт», «Игра в семью», «Двойные зубы», «Оловянный солдатик», «Прятки» и др.*

*Как и его ровесник поэт Юн Донджу* О Джанхван прекрасно передает детскую откровенность и восприимчивость. Поэт сопереживает самым беззащитным существам этого мира, выражая в стихах их чувства, эмоции и любовь.*

*Детство в ту эпоху, когда творил О Джанхван, было суровым и полным лишений. Я рад представить вам живые и прекрасные стихи для детей О Джанхвана. Пожалуйста, не спешите, читайте их медленно и вдумчиво! Читайте, думайте, и, подумав, читайте еще раз. В поэзии О Джанхвана скрыто много старинных корейских фраз и поговорок. Мы говорим о детской душе, что она чистая.*

*Детские души такие, каким их дало людям Небо. Взрослых, сохранивших чистую детскую душу, называют поэтами. А у людей, пишущих детские стихи, душа особенно чистая. Когда мы читаем их стихи, светлеет и наше сердце. И потому я желаю всем читателям этой книги, навсегда сохранить в себе чистое детское сердце.*

*До Джонгхван, министр культуры, спорта и туризма Республики Корея.*

** Юн Дончжу (1917 — 1945) — известный корейский поэт, автор лирических стихов, а также направленной против японской аннексии «поэзии сопротивления».*

## 학과장 인사말

우리 충북대학교 학생들이 오장환 시인의 동시를 러시아어로 번역하여 출판하게 된 것을 대단히 기쁘게 생각합니다.

저는 학과장으로서 학생들이 그 동안 키운 러시아어 실력을 좋은 곳에 선용(善用)했다는 점이 무엇보다 자랑스럽습니다. 강의실에서 배운 러시아어 지식을 학교의 좁은 울타리에 가둬둔 것이 아니라 오장환 시인의 작품을 러시아어로 번역 출판하여 지역 사회의 문화 발전에 작게나마 기여했다고 믿기 때문입니다.

오장환 시인은 백 여 년 전에 이 곳 충북 지역에서 출생하였습니다. 또한 시인은 20세기 초 러시아의 유명한 시인 예세닌의 시 작품을 국내에 최초로 번역하고 소개한 인물이기도 합니다.

시인은 충북 보은 출신으로서 일본 유학 시기에 러시아 문학을 처음 접했을 것입니다. 시인은 일본에서 예세닌의 시를 읽으면서 아름다운 예세닌의 고향 풍경만 읽은 것이 아니라, 조국의 고향을 떠올리면서 이를 그리워했을 것입니다. 또한 소비에트 혁명과 새로운 소비에트 국가 건설 소식을 접하면서 조국의 해방을 꿈꾸었을 것입니다.

우리 학생들과 오장환 시인이 백 여 년의 긴 시간을 건너 새롭게 만날 수 있었던 것은 충북 지역 출신이라는 점과 러시아어와 문화에 대한 이해라는 공통점 때문이라고 생각합니다. 예세닌 시를 번역함으로써 오장환 시인은 러시아 문학을 국내에 소개하였지만, 이제 우리 학생들은 거꾸로 시인의 작품을 러시아어로 번역하였습니다.

우리 학생들의 번역 활동으로 오장환 시인의 작품이 좀 더 세상에 알려지게 되기를 바랍니다. 또한 오장환 문학관을 비롯한 충북 지역의 문화 활동이 앞으로 성장하는 데 충북대학교 러시아언어문화학과 학생들이 작은 역할이나마 하게 된다면 더 없이 좋겠습니다.

충북대학교 인문대학 러시아언어문화학과 학과장 김원한



---

오장환 시인의 작품 발굴과 작품 세계 연구에 오랜 시간을 바치신 현 도종환 문화체육관광부 장관님께 감사의 말씀을 드립니다.

이 책에 실린 시의 원문은 고두미출판사의 〈바다는 누가 울은 눈물인가〉를 참조하였으며, 도종환 장관님의 글은 실천문학의 〈부엉이는 부끄럼쟁이〉에 실린 내용을 인용하였습니다. 발행에 동의해 주신 두 출판사에 감사의 말씀을 전합니다.

## *Приветственное слово профессора Ким Вонхана*

*Я счастлив, что наши студенты получили возможность опубликовать свои переводы детских стихов корейского поэта О Джанхвана.*

*Как заведующий кафедрой русского языка и культуры, я горжусь, что ребята смогли использовать свои знания русского языка в таком прекрасном деле. Я верю, что знания, полученные ими в университете, не останутся лежать мертвым грузом, не забудутся сразу по окончанию учебы - ведь ребята уже внесли свой вклад в развитие искусства и культуры.*

*Поэт О Джанхван родился у нас в провинции Северный Чхунчхон* сто лет назад. Он первым перевел на корейский язык стихи замечательного русского поэта 20-го века Сергея Есенина.*

*Полагаю, впервые с русской литературой поэт из корейского уезда Поын в Северном Чхунчхоне столкнулся во время обучения в Японии. Наверное, читая стихи Есенина, О Чжанхван не только представлял российские пейзажи, но и тосковал по далекой родине. А услышав о русской революции и строительстве молодого советского государства, мечтал об освобождение своей страны.*

*Думаю, наши студенты смогли понять поэзию О Джанхвана, преодолев столетний разрыв, благодаря тому, что тоже живут в провинции Северный Чхунчхон и тоже знают русскую литературу. О Джанхван переводил стихи Сергея Есенина, чтобы познакомить корейцев с русской литературой, а наши студенты наоборот перевели его стихи на русский.*

*Я надеюсь, что благодаря усилиям студентов нашего института, стихи О Джанхвана станут известны во всем мире. И мне хочется верить, что студенты кафедры русского языка и культуры государственного университета Чунбук продолжат переводить поэзию родной провинции и участвовать в развитие ее литературы.*

*Профессор Ким Вонхан, заведующий кафедрой русского языка и культуры государственного университета Чунгбук.*

** Провинцию Северный Чхунчхон или Чхунчхон-Пукто кратко называют провинция Чунгбук, что совпадает с названием, находящегося в этой провинции, университета.*

## 학생 대표 인사말

오장환 시인을 처음 접했던 때는 문학 동아리의 대표로서 학과에서 참여한 '오장환 문학제'였습니다. 다소 생소한 문학제였지만, 그곳에서 저는 많은 것을 느끼고 배울 수 있었습니다. 9월의 가을 내음이 풍기던 문학관에서는 시인의 삶, 시 등을 보다 자세히 알 수 있었습니다. 그 중 가장 인상 깊었던 것은 시들의 의미를 문학관 선생님을 통해 들었을 때, 시로 마음을 울릴 수 있다는 말이 무엇인지 깨달을 수 있었던 순간이었습니다. 이러한 값진 순간들을 바탕으로 다음해 문학제에서는 '해바라기'라는 시를 번역하여 발표하고, 시인에게 한발 짝 가까이 다가갈 수 있었습니다. 그러던 중 오장환 시인의 시집을 러시아어로 엮어 출판할 기회가 찾아왔습니다. 더 없이 제게 소중한 경험이 될 것이라 생각하여 망설임 없이 추진했습니다.

우리 고장 충북의 시인인 오장환은 국내 최초로 예세닌 시집을 발간하는 등 러시아에 관심이 많았던 인물입니다. 그는 치료를 위해 모스크바에 다녀오기도 하였습니다. 1930년대 한국의 천재 시인으로 알려진 오장환 시인이 러시아에 갖고 있었던 관심, 그 관심의 일부를 이제는 러시아 독자들에게 전해주고 싶었습니다. 이번 출판을 계기로 오장환 시인이 우리 고장, 우리나라를 넘어 러시아에도 한국의 자랑스러운 시인으로 알려지게 되길 희망해 봅니다.

해바라기가 무성한 여름날 책의 기획을 시작해, 유난히 춥던 겨울을 보내고 다시 무더운 여름이 온 한 해 동안 열심히 달려왔습니다. 시를 수없이 반복하여 읽고 러시아어로 바꾼 뒤, 몇 차례의 수정을 걸치는 등 최선을 다해 작업했습니다. 선후배들과 함께 머리를 맞대고 고민하여 시를 번역하던 순간도, 시집의 내지에 들어갈 그림과 표지를 고민하던 순간도, 하나하나 모두 의미 있고 행복한 시간들이었습니다. 또한 오장환 시인과 충북대학교 러시아언어문화학과를 알릴 수 있다는 자부심도 가질 수 있었습니다. 이 시집이 저와 함께 번역을 함께 한 학생들에게 의미가 깊은 책인 만큼, 많은 분들께도 의미가 깊은 책으로 다가가길 희망합니다.

책을 출판하는 순간까지 많은 교수님들의 도움 덕분에 긴 시간을 힘들지 않게 달려올 수 있었습니다. 학과의 모든 교수님들과 선생님들께 감사의 인사를 전합니다. 또한 함께 번역을 한 러시아언어문화학과 학생들, 그리고 충북대학교 디자인학과 이연지, 한명진 학생, 그리고 오랜 시간 번역을 함께 해준 한국문학번역원에서 공부한 크세니야 흐멜리니츠카야에게도 감사의 인사를 드립니다.

이 분들의 세심한 도움들로 인해 잘 마무리 할 수 있었습니다. 마지막으로, 많은 도움을 주신 오장환문학관과 저작권을 허락해주신 도종환 장관님께 감사의 인사를 드립니다.

우리의 번역이 다소 부족할 수도 있습니다. 하지만 이번 번역을 바탕으로 다음에 다른 분들의 더 좋은 번역들이 계속해서 나오기를 희망합니다.

감사합니다.

충북대학교 러시아언어문화학과 김해인 학생

## *Приветственное слово старосты студенческой переводческой группы*

*Я впервые узнала поэта О Джанхвана, когда была старостой отделения русского языка и культуры в нашем институте. Мы тогда приняли участие в посвященном этому поэту сентябрьском литературном фестивале. Раньше я ничего не слышала об этом фестивале, но благодаря ему я многое узнала. Во время фестиваля я вместе с другими студентами посетила литературный музей О Джанхвана, где нам очень подробно рассказали о жизни и творчестве поэта. Когда экскурсовод рассказывала нам о поэтических смыслах, я на себе ощутила, что означает «тронуть душу поэзией». Этот опыт произвел на меня огромное впечатление. Поэтому к следующему Литературному фестивалю О Джанхвана я перевела на русский язык стихотворение «Подсолнух», и прочитала его на фестивале.*

*Так я смогла еще на шаг подойти к поэту. Тогда нам предложили перевести на русский язык и опубликовать книгу детских стихов О Джанхвана. Я согласилась без колебаний, понимая, что этот проект станет для меня просто бесценным опытом. (Мне кажется это достаточно)*

*О Джанхван родился в одной с нами корейской провинции Северный Чхунчхон, он очень интересовался Россией и первым в Корее перевел сборник стихов Сергея Есенина. Однажды он приезжал в Москву лечить невралгию. О Джанхван — гениальный корейский поэт тридцатых годов прошлого столетия. Зная его огромный интерес к России, мы очень хотели познакомить с ним русских читателей, дать им хоть немного почувствовать красоту его стихов. Я очень надеюсь, что благодаря нашей книге, стихи О Джанхвана, которыми так гордятся в Корее, станут известны и в любимой им России.*

*Мы начали работать над этой книгой прошлым летом, когда во дворе дома поэта пышно цвели подсолнухи. Миновала очень холодная для Кореи зима, вновь наступило жаркое лето, и мы, наконец, завершили наш труд. Мы раз за разом перечитывали стихи О Джанхвана, переводили их вновь и вновь, без конца исправляли. Мы трудились изо всех сил, но это был радостный труд. Незабываемые, счастливые и наполненные глубоким смыслом моменты, когда мы сидели вместе со студентами, касаясь друг друга склоненными над книгой головами, переводили стихи, выбирали иллюстрации, обсуждали макет обложки нашей книги. В процессе работы мы начали чувствовать гордость за нашего соотечественника О Джанхвана и за факультет русского языка и культуры гуманитарного университета Чунгбук. Эта книга имеет для нас огромное значение, и мы надеемся, что наши читатели тоже ощутят ее важность.*

*Мы благодарим профессоров нашего университета, с чьей помощью долгий путь от начала работы до опубликования книги мы прошли без больших трудностей. Благодарим всех профессоров и преподавателей нашего отделения за знания, советы и поддержку Так же хочу поблагодарить студентов нашего отделения, работавших над этой книгой, студентов отделения дизайна Ли Ёнджи и Хан Мёнджин. Особо поблагодарю нашего со-переводчика и редактора Хмельницкую Ксению за ревнивое и бережное отношение к оригиналу, скрупулезное выявление как буквальных, так и скрытых смыслов и помощь в создании поэтического текста на русском. Наконец мы благодарим за помощь сотрудников литературного музея им. О Джанхвана и лично министра культуры, спорта и туризма Республики Корея До Джонхвана за разрешение опубликовать наши переводы.*

*Возможно, в наших переводах все еще есть какие-то неточности и ошибки. Но мы все очень старались и надеемся, что в дальнейшем сможем переводить еще лучше и опубликуем другие сборники стихов о Джанхвана.*

*Спасибо.*

*Ким Хэин, студентка Отделения русского языка и культуры Государственного университета Чунбук, староста студенческой переводческой группы, переводчик и составитель сборника стихов О Джанхвана «Подсолнух тянется ввысь, взглянуть на солнце».*

## 바다

눈물은
바닷물처럼
짜구나.

바다는
누가 울은
눈물인가.

## *Море*

*Слёзы*
*Горьки на вкус,*
*Как морская вода.*

*Кто так плакал*
*На твоих берегах,*
*Море?*

31 바다 – 최서영

## 기러기

기러기는
어디로 가나.

달도, 별도,
꽁 -, 꽁 -, 죄 숨었는데
촛불도 없이 어떻게 가나.

## *Дикий гусь*

*Дикий гусь,*
*Куда ты летишь?*

*Ни луны, ни света звёзд не видно,*
*Даже свечи не взял,*
*Как ты найдёшь дорогу?*

## 수염

나는, 나는,
할아버지마냥 늙어서
수염 나거든

누가, 누가,
더 긴-가
내기 할 테야.

## *Борода*

*Я, я*
*Стану стар, как дедушка,*
*Если будет у меня борода.*

*Чья, чья*
*Борода длиннее?*
*Давай сравним!*

수염 – 김은영

# 자동차

뿡– 뿡–
자동차 하나가
자전거도 떼 놓고,
전차도 떼 놓고,
막 달아난다.
자동차도 우리처럼
운동회엘 나가면
일등 하겠네.

# *Автомобиль*

*Бип-бип!*
*Автомобиль*
*Обогнал велосипед,*
*Обогнал трамвай,*
*Раз и умчался!*
*Автомобиль похож на меня -*
*Первое место*
*Займёт на соревновании.*

## 종이비행기

나하고, 분이하고
못 쓰는 종이로
비행기를 접는다.
우리 우리 비행기는
푸릉푸릉 날아갈 테지.
그리고
하늘나라 별 아기를
태우고 올 테지.

# Бумажный самолёт

Вместе с Буни
Сложим самолёт
Из ненужной бумаги.
Летит, летит в голубое небо
Наш самолётик.
Звёздных малышей
Привезёт
Из небесной страны!

# 애기꿈

애기가 코-자면서 입을 옴줄옴줄 하고는 젖
먹는 시늉을 하네.
엄마가
젖 안 난다고 하시더니 꿈에 가서 실컷 먹는 게야.

# *Сон младенца*

*Ребёнок спит причмокивая,*
*Словно сосёт материнскую грудь.*
*“Молоко больше не приходит,*
*Пусть хоть во сне еще немного поест!”*

# 소꿉놀이

에헴, 헴,
수수깡 안경 쓰고
너는 너는 나-리
끄덕, 끄덕, 말이나 타라.

쏙닥, 쏙닥,
떡판 위에 과잘 쓸면서,
나는 나는 마-님
오물, 오물, 떡이나 먹지.

# *Игра в семью*

*Вот очки, сплетённые из травок,*
*Одевай скорей и будешь господином.*
*«Кхм, кхм, кхм» -*
*Садится муж на лошадь.*
*Цок-цок-цок стучат ее копытца.*

*Тук-тук-тук — я важная хозяйка,*
*Ножиком стучу, из рисового теста*
*Вкусный тток* нарежу.*
*Ам-ням-ням!*

**рисовый десерт*

# 맴맴

할아버지 안경 쓰고
　맴 맴 맴,
오동나무 그늘에도
　맴 맴 맴
매미가 운다
　맴 맴 맴,
고추 먹고 맴 맴,
　담배 먹고 맴 맴,
도리도리 맴 맴.

## *Цикада*

*Ци-ци-ци поёт цикада,*
*Как дедушка, очки надела.*
*Ци-ци-ци поёт цикада*
*В тени павлонии.*
*Поест — ци-ци-ци*
*Закурит — ци-ци-ци.*
*Здесь? Там? Тори-тори*! Ци-ци-ци.*



*тори-тори говорят когда хотят заставить ребёнка вертеть головой*

# 덧니

수경이는 덧니가 둘씩이죠
“너, 이제, 그 덧니가,
입술을 꽉, 뚫고는 코끼리 이처럼 된다나”
하고 놀려 주었더니
“애, 애, 너 - 그럼 - 나아,
유치원 가거든 뭐 살게, 응,” 하고
분이가 조르는군요.

# *Двойные зубы*

*У Сугён растут два лишних зуба.*
*- Они скоро вырастут, как бивни,*
*И я буду на слона похожа!*
*- Ой, Сугён, - в ответ смеётся Пуни,*
*- Приходи тогда к нам в садик сразу!*
*Я слонёнка угощу конфетой!*

## 빨래

빨래 합니다.
빨래 합니다.

엄마는 내 옷,
나는 풀각시
시집가는 때때옷.

# Стирка



*Стирка!*
*Стирка!*

*Мама стирает моё платье,*
*Пёстрое, словно свадебное.*
*Я — травяная кукла-невеста.*

# 생철병정

생철 병정이
  북을 칩니다.

우는 아기
우리 아기
달래느라고
북을 칩니다.

## *Оловянный солдатик*

*Оловянный солдатик*
*Бьёт в барабан.*

*Не плач, малыш,*
*Любимый малыш.*
*Посмотри,*
*Солдатик бьёт в барабан.*

## 부엉이

  캄캄한 밤,
수풀 속에 숨어서
  부 - 엉,
부엉이는
  창가를 한다.
부 - 엉
  부엉이는
부끄럼쟁이.

## *Совушка*

  *Тёмной ночью,*
*Скрывшись в лесу,*
  *Ухy-ухy*
*Поёт*
  *Совушка.*
*Ухy-ухy*
*Застенчивая*
*Совушка.*

53 부엉이 – 문진향

# 용남이와 앵두나무

용남이는 앵두나무 가지에 빨갛게 열은 앵두알을 보고,

"어여쁜 앵두 아가씨 이 아래로 내려와 주세요."하고 말하였습니다.

"아이 고마워라. 그렇지만 내려만 가면 점심나절 안으로 우리를 당신네들이 먹을 터이니, 아이 싫어. 우리들은 안 내려가고 여기 있을 테에요."

가느란 가지에 치렁치렁 열린 제일 어여쁜 앵두알을 보고 용남이는

"참으로 예쁘다. 너는 빨갛게 익은 게 크기도 하다." 하였습니다.

"도련님, 조그만 양반이 왜 이러시죠. 딸 듯 하거든 어서 따 보시지요."

앵두알은 냥- 냥- 고개를 흔듭니다.

# Ённам и Вишневое дерево

*Ённам увидел красные вишни на ветвях*
*вишневого дерева,*
*- О, прекрасные дева-вишни, будьте так добры,*
*спуститесь вниз! - просит он.*
*- Милый мальчик, мы не хотим спускаться!*
*Если мы спустимся, ты всех нас съешь на обед!*
*Лучше мы останемся здесь!*
*Поглядев на множество вишен, висящих на*
*ветках дерева, Ённам восклицает:*
*- Как красиво! Вы такие большие и спелые!*
*- Зачем вы так говорите, маленький господин?*
*Если вы хотите поесть вишен, пожалуйста,*
*рвите нас сами,*
*качая головками отвечали вишни.*

"씨- 어른만 되면 담박이라도 따버릴 테야."

용남이는 뽈, 뽈 하여 껑충껑충 뛰어올라도 닿지는 않지요. 나무 가쟁이를 들입다 흔들어도 앵두 열매는 방글방글 웃으며 떨어지지는 않습니다.

"걱정 없다. 네가 암만 그래도 내 손으로 딸 때가 되면 따 버릴 테니." 하고 용남이는 두 손을 툭툭 털고 자기 집으로 돌아갔습니다.

*- Эх! Когда я стану большим, я всех вас сорву!*

*Ённам — прыг-прыг — прыгает вокруг дерева, но не может даже дотронуться до вишен.*

*Он изо всех сил трясет дерево, но вишенки не падают и весело смеются.*

*- Больно надо! - кричит Ённам. - Придёт время, и я смогу до вас дотянуться и тогда всех сорву!*

*Отряхнув руки, Ённам побежал домой.*

# 꿈나라

꿈이면 가보는 나라.
이상한 나라.
사시사철 꽃동산
사슴들이 나와 노는 곳
깜깜한 밤길을
혼자 걸어도
무섭지 않아지면은
찾아갈 테요.

## *Страна снов*



*Страна, в которую приходишь во сне.*
*Волшебная страна.*
*Здесь цветут цветы круглый год,*
*И играют олени.*
*Путь в неё нужно пройти одному.*
*Тёмный ночной путь...*
*Но, если идти не очень страшно,*
*Я приду снова!*

# 박

넝쿨은 챙챙 감는다.
둥그런 박통이
주렁주렁 달리면
무거우니까
넝쿨은 지붕 위로,
지붕 위로,
다릿줄이 위태로워서
며칠을 기어올랐다.

# Тыква

*Тыквенные плети*
*Старательно вьются,*
*Карабкаются наверх.*
*Круглые тыквы-горлянки*
*Станут тяжёлыми,*
*Когда созреют,*
*Потому побеги не спеша*
*Взбираются на крышу,*
*Крепко цепляясь за верёвку.*

## 여름밤

개똥불은
초롱에 불을 밝히고
메뚜기 새끼, 불빛 찾아 나온다.
올챙이는 헤엄 배우고
어린 개구리가
이 논, 저 논, 건너뛰어도
개굴개굴, 점잖은 개구리는
울기만 한다.

# *Летняя ночь*

*Светлячок*
*Зажёг свой фонарик,*
*Маленький кузнечик бежит на свет.*
*Темнота больше не страшна,*
*Головастик учится плавать,*
*Лягушонок*
*Прыгает по рисовым полям,*
*А важная лягушка —*
*Ква-ква —*
*Только квакает.*

# 제비

제비 새끼는
빨랫줄에, 앉았다, 날았다,
나는 공부를 한다.
강남이 서울처럼 가고 싶은가
그러나 봄철이 오면
강남 갔던 제비들이 돌아옵니다.
고향은 그리운 게죠.
제비들은
전깃줄에 올라앉아서
전화를 하는지
전깃줄로 모여듭니다.

# Ласточки

*Птенец ласточки*
*Садится на бельевую верёвку*
*И взлетает вновь.*
*Я читаю учебник.*
*Ласточки мечтают о далёком юге,*
*А я о дороге в Сеул.*
*Но придёт весна*
*И ласточки возвратятся на родину.*
*Птицы сидят на проводах,*
*Словно хотят собрать провод из ласточек*
*И позвонить.*

# 거미줄

거미줄에도
눈물을 흘려주는 이가
있습니다.
은실, 거미줄은
미끄러워서
조심조심,
묵거미는
제집으로 기어갑니다.

# *Паутинка*

*Есть люди,*
*Роняющие слёзы*
*Даже над паутиной.*
*Серебряная ниточка-паутинка*
*Такая скользкая!*
*Осторожно, не подскользнись!*
*Чёрный паучок*
*Ползёт в свой дом.*

## 편지

누나야, 편지를 쓴다.
뜨락에 살구나무 올라갔더니
웃수머리 둥구나무,
조-그만하게 보였다.
누나가 타고 간 붉은 가마는
둥구나무 샅으로 돌아갔지,
누나야, 노-랗게 익은
살구도 따먹지 않고
한나절 그리워했다.

# Письмо старшей сестре

*Привет! Как поживаешь?*
*Я сегодня залез на абрикос во дворе*
*И смотрел на то старое дерево на краю деревни,*
*возле которого мы играли.*
*Я вспоминал, как ты садилась в красный*
*свадебный паланкин,*
*Как паланкин пронесли мимо старого дерева.*
*Я так хотел увидеть тебя,*
*Что даже не сорвал абрикосы.*

## 숨바꼭질

돌이는 숨바꼭질 하느라고 화초밭에 엎드렸다가 벌한테 쏘여도 아무 소리도 안 했습니다. 그렇지만 순이가 찾아내니까 으애- 하고 울었습니다.

## *Прятки*

*Тори, играя в прятки, забрался в клумбу и спрятался среди цветов. Хотя его ужалила пчела, он не издал ни звука. Но когда Суни его нашла, горько заплакал: уа-уа!*

# 해바라기

울타리에 가려서
아침 햇볕 보이지 않네.

해바라기는
해를 보려고
키가 자란다.

# Подсолнух

*Заслонил забор*
*Утренние лучи.*

*Подсолнух*
*Тянется ввысь,*
*Взглянуть на солнце.*

# 내 생일

두루루루
두루루루
가는 맷돌은
빈대떡 부치려고 가-는 매.
내일은 내 생일.
두루루루
두루루루
엄마는 한나절 맷돌을 간다.

# День рождения

Туруру
Туруру
Стучит жерновок,
Скоро он напечет лепёшек.
Завтра у меня день рождения.
Туруру
Туруру
Мама целый день растирает зёрна.

## 파랑새

파랑새야 바닷새
너에게 이야기하마.
바닷새 파랑새야
너는 모를라.
빨강 열매 딸기 열매
따먹지 마라.
뾰족뾰족
가시덤불 지키고 있다.

# Синяя птица

*Синяя морская птица,*
*Послушай!*
*Морская синяя птица,*
*Ты ведь не знаешь!*
*Не собирай*
*Красную ягоду, красную малину -*
*Защищают её кусты*
*Острыми-острыми колючками!*

# 들녘새

사람들도 잠잘 땐
일광문을 꼭, 꼭, 걸어 잠근다.
들녘새는 펀-한 들녘,
부엉이는 불을 켜 들고
부-엉 부-엉
울어 내는데,
들녘새는 펀-한 들녘,
어디서 자나.

# Полевой жаворонок

*Когда люди спят,*
*Крепко-накрепко затворив дверь,*
*Полевой жаворонок прячется в бескрайнем поле.*
*Когда в ночи раздаётся:*
*Уху-уху!*
*И горят в темноте глазища совы,*
*Полевой жаворонок в бескрайнем поле,*
*Где ты спишь?*

## 섬골

이끼 앉은
청솔바위 밑
소나무 아래.
바닷바람은
작고 간지러워
송이버섯은
문틀, 문틀
솟아오른다.

# *Деревня на острове*

*У корней сосны*
*Порос мхом*
*Зелёный валун.*
*Щекочет, щекочет его*
*Морской бриз,*
*И вдруг*
*Из-под камня вылез*
*Сосновый гриб!*

# 별

별,
밤새도록 잠 안 자고 반짝이는 조그만 별아!
이슥 - 하여 내리는
밤이슬,
너는 촉촉이 젖겠다.
내일은
아침 햇볕 솟아올라도
숨지를 말고
부디, 밤에 적신 네 옷을
말려 입어라.

# *Звезда*

*Звезда!*

*Не спящая всю ночь*

*Маленькая мерцающая звезда!*

*Во мраке выпадает*

*Ночная роса.*

*И ты совсем вымокнешь к утру!*

*Завтра,*

*Когда солнце встанет,*

*Не уходи!*

*Прошу тебя, высуши промокшую одежду!*

# 염생이

염생이 새끼는
어른이 아닌데도 수염이 달렸네.
조그만 바람에도
나부끼니까
염생이 새끼는
고개를 숙이고
파란 풀잎만 뜯어 먹는다.

# *Козлик*

*Маленький козлик*
*Ещё совсем дитя, но уже с бородой.*
*Даже от лёгкого ветерка*
*Бородка колышется.*
*Козлик*
*Застенчиво опустил голову,*
*Щиплет зелёную травку.*

## 메뚜기

싸늘 싸늘
추위는 닥쳐오는데
벼 이삭을
모조리 베어버리면
메뚜기는
어디서 사나.

그래서 메뚜기는
일찍이 늙는답니다.

## *Саранча*

*Всё ближе, ближе*
*Ледяной ветер*
*Скоро срежут*
*Рисовые стебельки.*
*Где тогда жить*
*Саранче?*

*Тревожится саранча*
*И рано стареет.*

## 맴

팽이도 한참 돌으면
어지러워 넘어진다.
맴을 돌면
팽이처럼 맴을 돌면
나는 어지러워
쓰러져 버린다.

## *Закружились*

*Волчок кружится, кружится,*
*Голова закружится и упадёт.*
*И я верчусь,*
*Волчком кружусь,*
*Закружусь,*
*Ой, упаду!*

# 정거장

정거장엔, 할머니 한 분,
차는, 벌써 떠나갔는데,
돌아가지도 않고,
기다립니다.
어둑-한, 길목엔,
깜박, 깜박, 등불이
켜졌어도,
막차가 떠나간 정거장서
할머니는 누구를
기다리시는지,
우두커-니 서서,
돌아가지도 않고 기다리십니다.

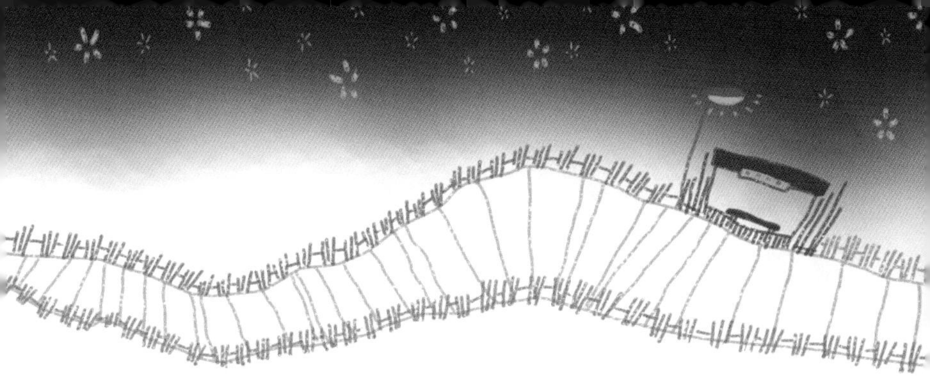

## *Остановка*



*На остановке осталась одна старушка.*
*Автобус давно уехал,*
*А она все не уходит,*
*Всё ждет.*
*На тёмной дороге*
*замигали, зажглись*
*фонари.*
*Последний автобус уехал.*
*А бабушка*
*Всё кого-то ждёт*
*Совсем одна на пустой остановке*
*Не уходит, ждёт.*

## 말 타고 소 탄 양반

말 탄 양반 끄떡
서울로 갔다가
소 탄 양반 끄떡
들로 갔다가

바리바리 소 등엔
곡식을 싣고
치렁치렁 말 등엔
돈 싣고 오네.

# На лошади и на быке

Хозяин на лошади
Съездил в Сеул,
Хозяин на быке
Съездил на поле.

На спине быка
Привёз зерна — ой, сколько!
На спине лошади
Привёз денег — ещё больше!

## 가을

바람이 불지 않아도 가랑잎은
한 잎, 두 잎, 떨어집니다.

산과 들에는
단풍이 한창이어서 벌겋게 숯불처럼 피인 게
그래도는 덥지 않고
선선하기만 합니다.

## *Осень*

*Ветер стих, но осенние листья*
*Падают, то один, то другой.*

*На горах и в долинах*
*Множеством костров алеют клены.*
*Но жары всё равно нет.*
*Прохлада.*

## 바다

먼-바다에서
배가 옵니다.
배가 점점 크게 보이면
아빠의 얼굴도 보였습니다.
언제든지 아빠는
웃고 옵니다.
고기도 많이 잡아 가지고.

# *Море*

*Плывёт лодка*
*Из открытого моря.*
*Лодка становится*
*Всё больше и больше,*
*Вот видно уже лицо папы!*
*Папа всегда улыбается, возвращаясь,*
*А в лодке его много рыбы.*

## 선창

동그란 선창으로
조-그만 섬들이
오고 가는데
솔나무만 파-랗게 보이는
적은 섬들은
동네가 있는지
갈매기는
얕게 날지 않네.

# Гавань

Ма-аленькие острова заходят
В круглую гавань.
И уплывают в море.
Кажется, на островах си-инеют
Только сосны.
Но - кто знает? - может там живут люди,
И потому
Чайки
Пролетают
Высоко над островами.

## 가는비

가는비가 내리면
송 송 송,
물방울이 솟아오르고
물고기들은
입을 쳐들며
송 송 송,
빗방울을 받아먹는다.

## *Дождик*

*Моросит дождик.*
*Кап кап кап*
*Падают капли,*
*Взлетают брызги.*
*Кап кап кап.*
*Открытыми ртами*
*Ловят рыбы,*
*Капли дождя.*

101 가는비 – 서예진

# 둥구나무

둥구나무 사는 곳엔
동리가 있네.
꼬불꼬불 산골길을
돌아 나가면
둥구나무
동리보다
먼저 보이네.

# *Большое старое дерево*

*Там, где живёт Большое дерево,*
*Выросла деревня.*
*Если идти по тропе*
*В горном ущелье,*
*Вначале увидишь дерево,*
*И только потом —*
*Деревню.*

# 물레

물레를 저으며
옛날이야기 하시는
공태원 할머니.

오로롱
오로롱

물레 도는 소리는
이야기처럼 무섭다.

# *Прялка*

*Прядя на прялке,*
*Рассказывает страшную сказку*
*Бабушка Гон Тхэвон*

*Ороpон*
*Ороpон*

*Звук прялки*
*Жуткий, как сказка.*

# 연밥

옛날 양반 주머니에
연밥 달았네.

연밥은 딱딱한 열매,
까만 열매,

아싹 깨물면
옛이야기 나올 것 같아.

# *Плод лотоса*

*Давным-давно жили в Корее янбаны,**
*Вешали на пояс мешочки, похожие на плод лотоса.*

*Чёрный и твёрдый*
*Лотосовый плод.*

*Кажется, если его раскрыть,*
*Зазвучат старые сказки.*

**янбан — корейский дворянин*

# 휘파람

언니가 노래 부르면
  휘파람 불어집니다.
늘 부르던 그 노래
    요마적 언니는
멀리 가구서
  오지 않아
휘파람 불어도
    신이 안 나요.

# Свист

*Когда-то я насвистывал песню,*
*И пел старший брат.*
*Песня нашего детства...*
*Однажды ушёл*
*Далеко-далеко*
*И не вернулся брат.*
*Вновь я свищу,*
*А не весело.*

# 늦은 봄

노래 먼저 건너옵니다.
누가 부는지
버들 숲에 호들기 소리.
가까이 들려오는 호들기 소리.
좁은 개울이지만
그래도 발 벗고 건너십시오.
해설피엔 게으른 송아지도
풀밭에 무릎 꿇고 웁니다.

# *Поздняя весна*

*Вначале приходят песни.*
*Кто-то играет на свистульке*
*В ивовом лесу.*
*Песня свистульки звучит совсем рядом.*
*Маленькая речушка,*
*Но, чтобы её перейти, снимите обувь.*
*На закате ленивый телёнок на лугу*
*Лёг и мычит.*

# 참새

화초밭에는 활짝 꽃이 피어서
노랑나비, 호랑나비, 꿀벌이
춤추며 놉니다.
그렇지만 참새는
어른 같아서
울타리에 앉아 웁니다.

# *Воробей*

*Пышно расцвели на клумбе цветы*

*Веселятся, танцуют вокруг них пчёлки,*

*Жёлтые и тигровые бабочки.*

*Лишь воробей,*

*Сидит на заборе*

*И плачет, как взрослый.*

## 앉은뱅이꽃

앉은뱅이꽃
풀섶에 가려,
할머니가 들려 주셨던
생각나지 않는
옛이야기처럼
살- 살-
바람결에 고개를
갸웃거린다.

# *Сидящий цветок**

*Заросли густой травы скрыли*
*Цветы фиалки.*
*Словно позабытая сказка,*
*В далёком детстве слышанная от бабушки,*
*Сидит фиалка в густой траве*
*И легонько покачивается*
*На ветру.*



*** В Корее низкорослую фиалку иногда называют «сидящий цветок».*

## 봉사꽃

봉사 씨는
톡, 톡, 튀어
땅으로 떨어졌었어요.
올여름에
빨간 꽃이 다시 피려고
한겨울을
땅속에서 지냈답니다.

## *Бальзамин-недотрога*

*Только тронешь цветок —*
*Семена брызнут,*
*Шурша, упадут на землю.*
*Всю зиму*
*Семена жили в земле,*
*Чтобы летом*
*Красные цветы*
*Вновь распустились.*

## 설날

설날은 기쁜 날 한 살 더 먹고
설비슴 입고서 세배 절하고
어른께 공손히 세배 절하고
설날은 좋은 날 떡국도 먹고
글 배우러 서울 간 언니도 오고
누나는 쿵다쿵 노을도 뛰고

## *Новый год*

*Счастливый праздник Новый год — мы стали*
*на год старше!*
*Нарядившись в новую одежду, мы идём к*
*взрослым*
*Сделать традиционный новогодний поклон.*
*В чудесный новогодний день мы едим суп с*
*рисовыми клёцками.*
*Приехал брат, который учится в Сеуле.*
*А сёстры прыгают на доске-качелях.*

## 도움을 주신 분들

번역을 해주신 충북대학교 러시아언어문화학과

김해인 외 재학생 일동

14 김해인 Kim Hae In

10 전도영 Jeon Do Yeong

11 김민하 Kim Min Ha

13 김범식 Kim Beom Sik

13 박유진 Park Yoo Jin

13 이경미 Lee Kyoung Mee

13 황영진 Hwang Yeong Jin

14 박예랑 Park Ye Rang

14 정혜승 Jung Hye Seung

15 김륜영 Kim Ryun Yeong

15 문진향 Moon Jin Hyang

15 변아현 Byun A Hyeon

15 윤재원 Yoon Jae Won

15 최석희 Choi Seok Hee

16 김정현 Kim Jung Hyeon

16 박정민 Park Jung Min

16 성지은 Sung Ji Eun

16 안민경 An Min Kyung

10 김송구 Kim Song Gu

11 권용성 Kwon Yong Sung

12 김현일 Kim Hyun Il

13 나영주 Na Yeong Ju

13 송은아 Song Eun A

13 홍승범 Hong Seung Beom

14 김현선 Kim Hyun Seon

14 배성민 Bae Seong Min

14 한선아 Han Sun A

15 김혜림 Kim Hye Rim

15 문현지 Moon Hyeon Ji

15 서예진 Seo Ye Jin

15 이준수 Lee Jun Soo

16 김수연 Kim Su Yeon

16 박수진 Park Su Jin

16 박혜원 Park Hye Won

16 신유정 Shin Yu Jeong

16 염계백 Yeom Gye Back

16 오윤정 O Yoon Jung
16 이종희 Lee Jong Hee
16 전해인 Jeon Hae In
16 조아영 Jo A Yeong
16 이 경 Lee Gyeong
16 임재성 Lim Jae Sung
16 조소현 Jo So Hyeon
16 최서영 Choi Seo Yeong

*Хмельницкая Ксения(Магистр. Институт Практического Востоковедения. Сотрудник Института Практического Востоковедения)*

디자인을 맡아주신 충북대학교 디자인학과 학생

14 이연지 Lee Yeon Ji
14 한명진 Han Myeong Jin

감수

김태옥 Kim Tae Ok

**해바라기는 해를 보려고 키가 자란다**

*Подсолнух Тянется ввысь, Взглянуть на солнце*

**저 자 :** 오장환
**역 자 :** 충북대학교 러시아언어문화학과
**발행처 :** 충북대학교 출판부
**발행인 :** 윤 여 표
**주 소 :** 28644 충북 청주시 서원구 충대로1
**전 화 :** (043) 261-2952, 3014
**팩 스 :** (043) 274-1256
**이메일 :** presscbu@chungbuk.ac.kr
**등 록 :** 제1983-2001-7호
**초판1쇄 :** 2017.10.10
**인쇄처 :** 삼성디자인기획(042-221-3111)



ISBN 978-89-7295-313-5 93790

**값 15,000원**

본 저서는 충북대학교 대학인문역량강화사업단의 2차년도(2017년)
사업예산과 충북대학교 러시아알타이지역연구소의 지원을 받아 출판되었음.

오장환 시인의 동시집 발행과 관련 저작권 사용 동의를 해주신
문화체육관광부 도종환 장관님께 감사의 말씀을 드립니다.